【新版】琉球の記憶

HAZICI

針 ハジチ 突

写真・山城　博明
解説・波平　勇夫

CONTENTS

解説

針突習俗の終焉を見つめる
－民俗社会学への誘い－

【新版】刊行にあたって

　古から琉球の女性だけに伝わる風習・ハジチ（針突）の撮影を始めたのは1970年、大学2年の頃だった。大学祭に出品する写真作品の被写体を求めて沖縄本島南部を歩き回った。途中、旧玉城村（現南城市）の石垣に沿った路上でハジチを施した老女にバッタリ出会った。一目でオバーの風貌に圧倒され、手甲の鮮やかな入れ墨に琉球の歴史と文化を痛感、思わずシャッターを切った。漠然とだが追い続けるテーマと遭遇したと感じた。

　大学祭に出品したハジチの写真を見た民俗学者・故平敷令治氏が、「この写真は重要な資料となる。大切にしなさい」と言われた。その言葉が心に残り、沖縄本島や県内各離島を訪ねて撮影をした。その中でハジチの文様や呼称は地域や島々で違い、施した理由も異なることが解ってきた。

　私の故郷宮古島では「ピズキ、パズキ」と呼び、天国へのパスポートだ。カメラを向けながら、「初めてハジチを施した時の様子を教えてください」と訊いた。皆がおおらかで笑みを浮かべて応えた。日本の最南端・波照間島では「石垣島まで渡って突いたサー」。本島中部では「痛くて三日三晩眠れなかった。冷えた豆腐の粕で洗った。首里から来たハジチャー（施術師）に80銭払った」などと語ってくれた。

　当時はまだモノクロフィルム撮影が主流だったが、鮮明なハジチの色を表現するため、高価だったがカラーフィルムにも収めた。

　大学卒業後、沖縄県の1988年度資料から県内女性高齢者リストを作成し、100歳以上の女性120人を撮影する予定だったが、残念ながら叶わなかった。私が完全な形のハジチを撮影したのは1990年が最後である。入れ墨禁止令が施行された明治32（1899）年から91年後、ハジチを施した女性の姿は沖縄から消え去ったと考える。

　本書は2012年に初版を発行、今回内容を一部変更して高文研より「新版」として刊行となった。尽力いただいた山本邦彦氏に心からお礼申し上げます。また、沖縄国際大学名誉教授の波平勇夫氏も新版発行に賛同いただき、解説文を続けて掲載してくださることに重ねて感謝申し上げます。

　　　2020年7月吉日　　　　　　　　　　　　　　　　　　　山城　博明

ハジチⅠ

仲元ツル（伊江島）

名護市 佐久川ツル 明治20年6月3日生・105歳（佐久川家アルバムから）

小浜島 民家でくつろぐオバーたち 1996年撮影

カジマヤー

新崎モウシさん（明治26年6月生）のカジマヤーパレード
1989年撮影

沖縄では数え97歳になると地域住民が一緒になって「カジマヤー祝い」を行う

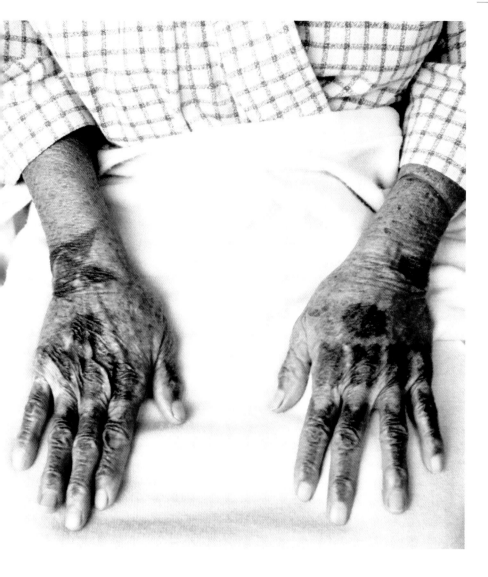

久高島

内間カメ　明治17年3月15日生（当時88歳）1972年12月3日撮影

旧具志川市

久田マカト　明治22年５月５日生（当時101歳）1990年９月撮影

伊江島

仲元ツル　明治14年5月5日生（当時107歳で県内最長寿者）1988年9月撮影

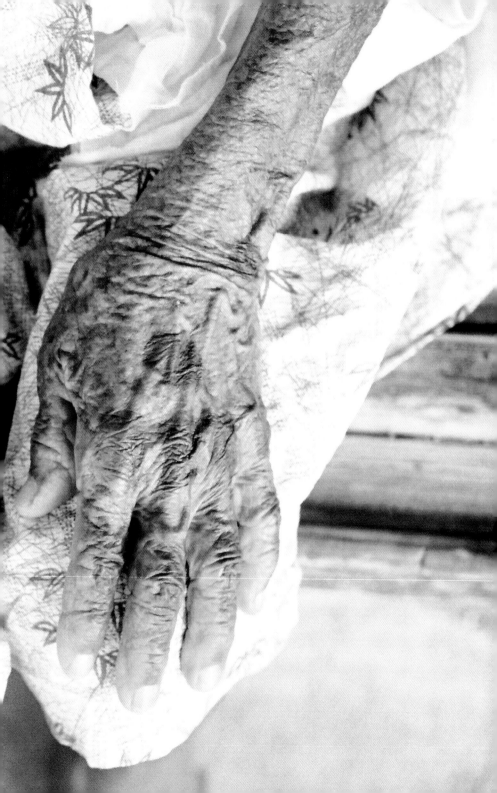

自宅でひと休み

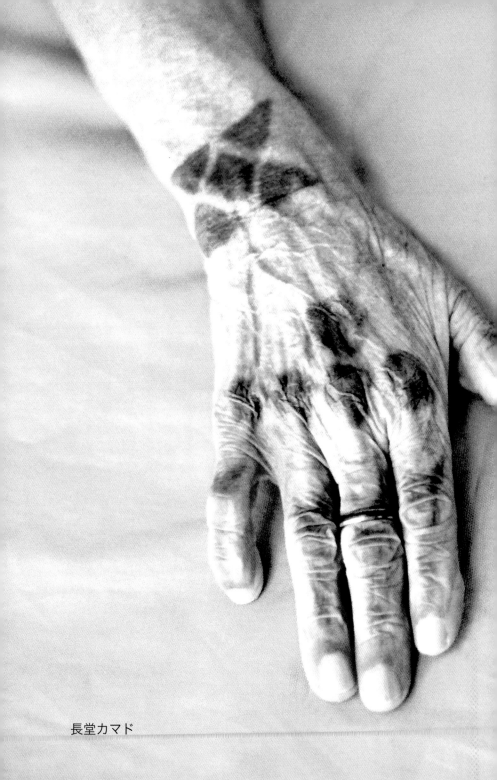

長堂カマド

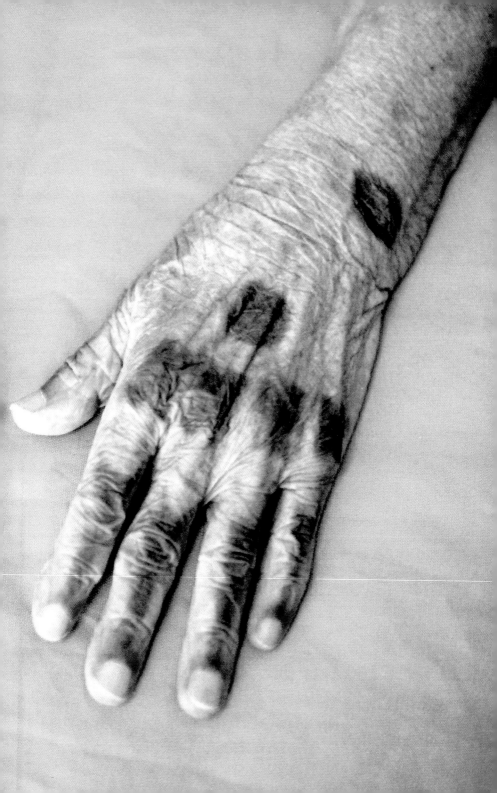

24

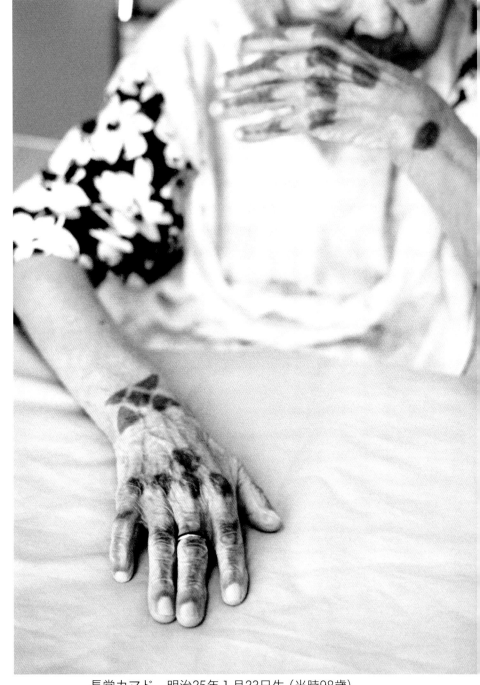

長堂カマド　明治25年１月23日生（当時98歳）
伊是名島　1990年10月撮影〈18、19頁同一人物〉

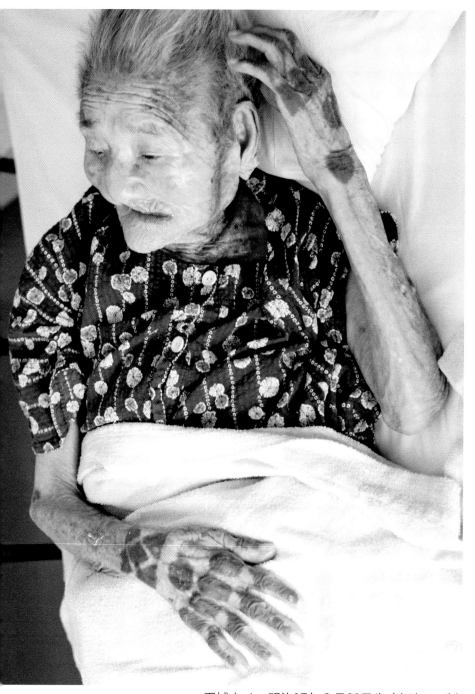

玉城カメ　明治17年9月28日生（当時106歳）

旧大里村　1990年撮影〈22、23頁同一人物〉

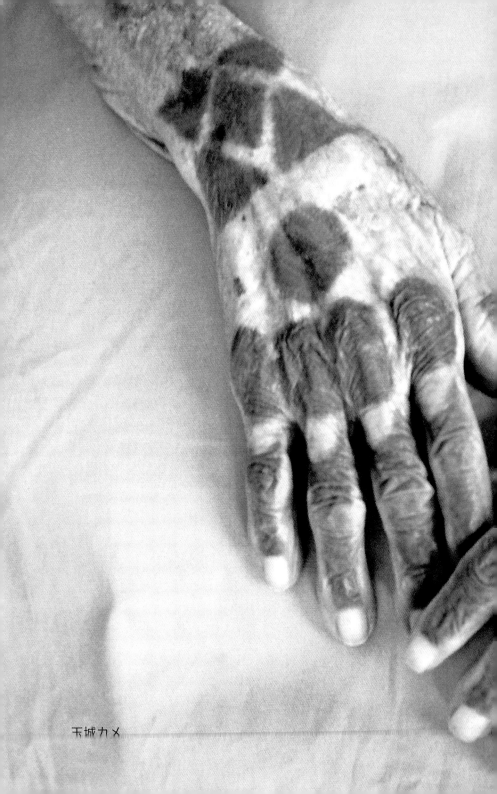

下城カメ

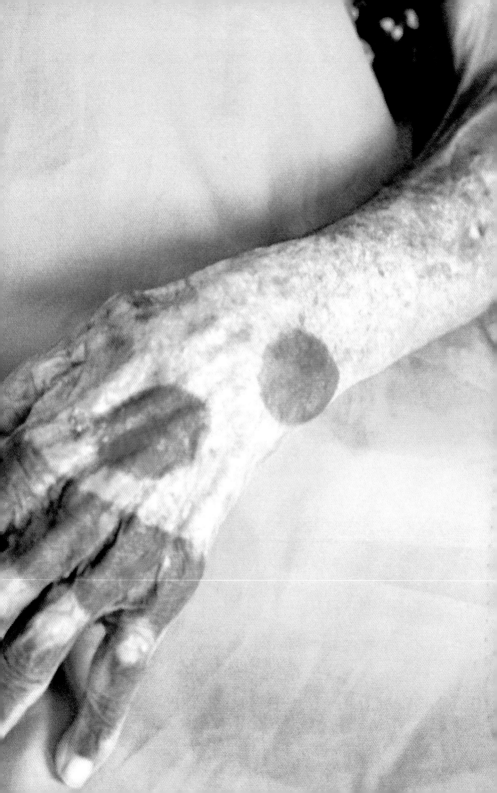

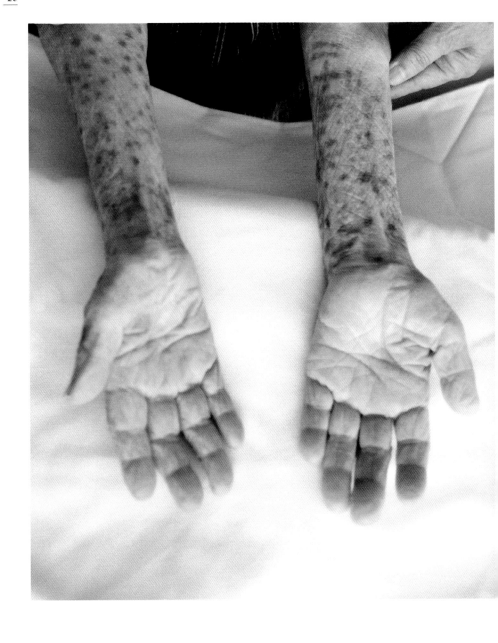

伊地カニメガ　明治22年11月3日生（当時101歳）

宮古島　1990年11月撮影

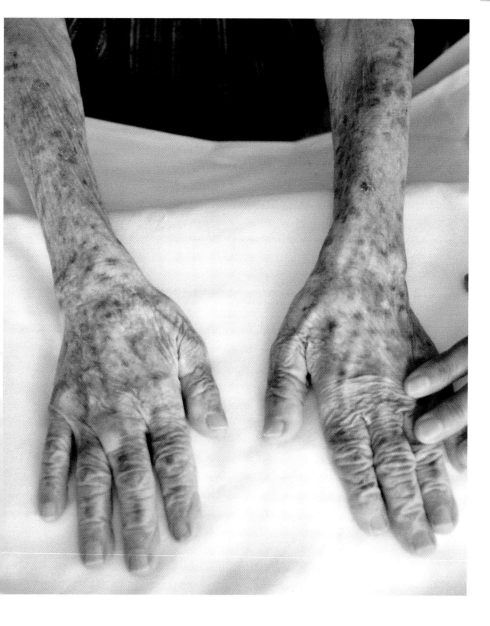

医療ハジチ？

比嘉カメ　明治28年3月6日生（当時95歳）1991年撮影
　　　　　比嘉カメの足の入墨
　　　　　病気治療のための入墨と思われる

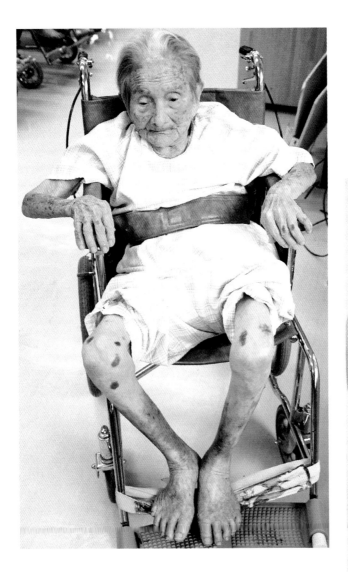

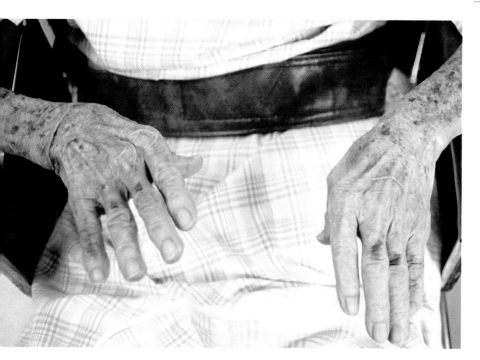

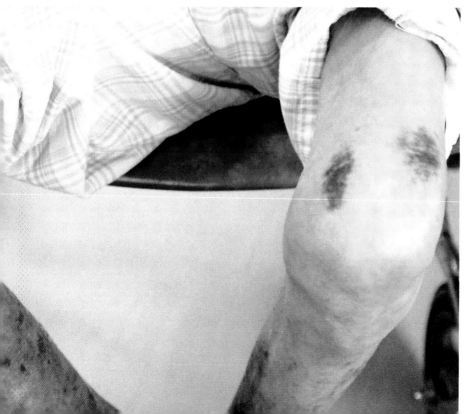

旧石川市　宮里カメ　明治20年7月15日生（当時103歳）1990年撮影

ハジチ II

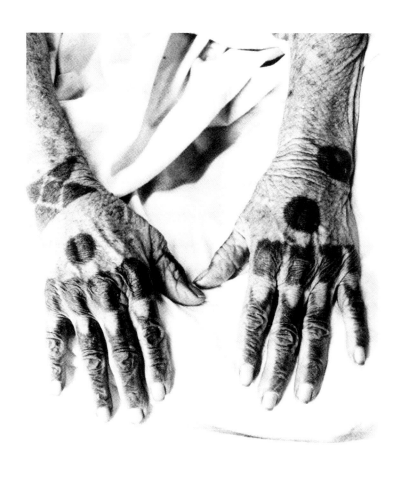

那覇

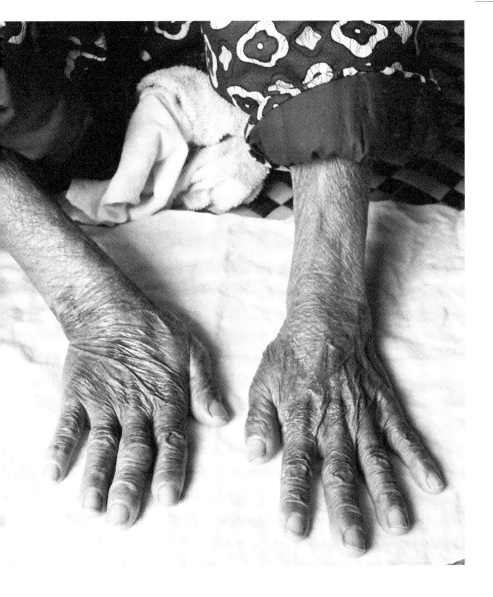

伊江島

1973年撮影

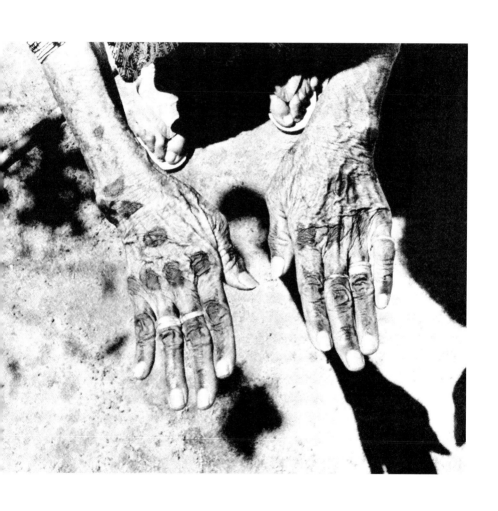

阿嘉島

新城マカ　明治14年10月生（当時92歳）阿嘉島　1973年撮影

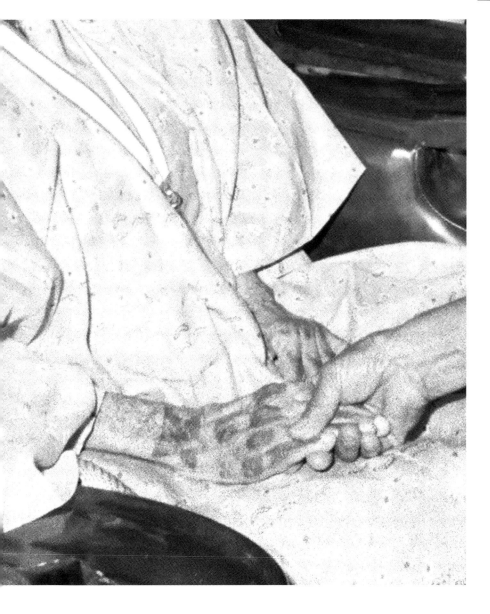

沖縄市

久場マカト　明治6年生（当時104歳）1978年6月14日撮影

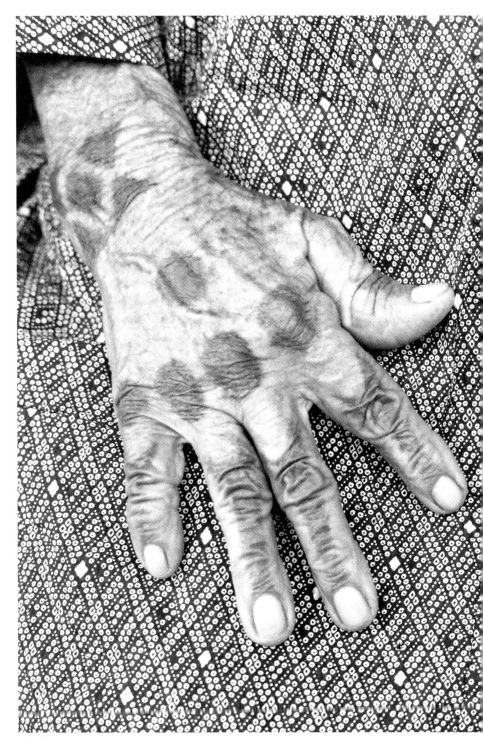

那覇 1971年撮影

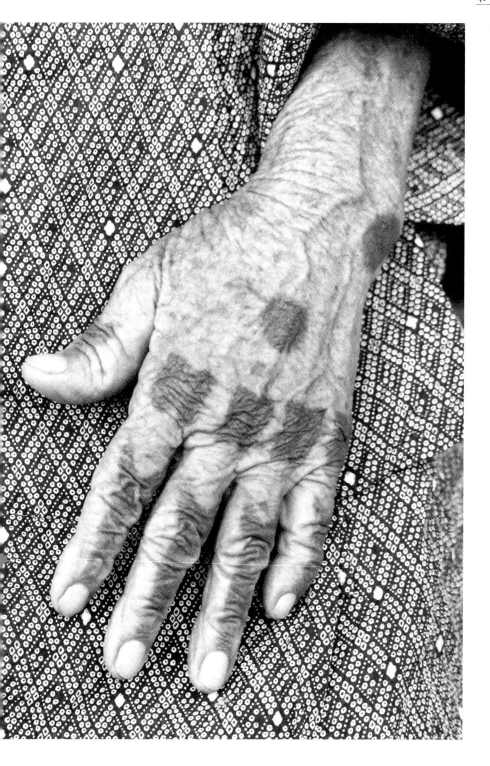

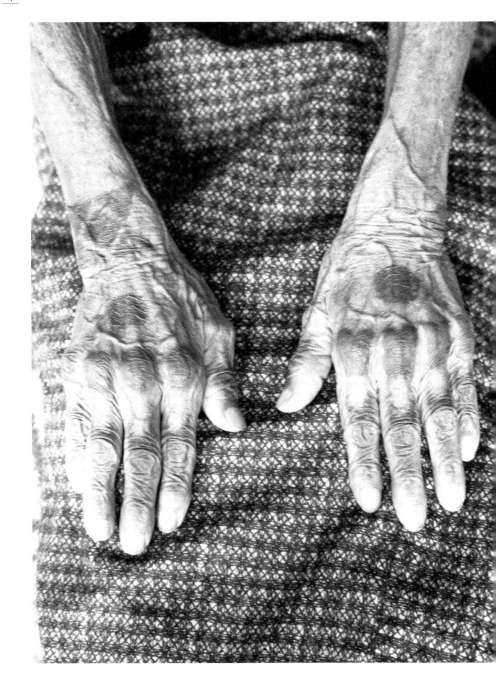

那覇　1971年撮影

ハジチの調査を行う台湾出身の民族学者・陳哲雄氏。
那覇市内の老人ホーム　1971年撮影

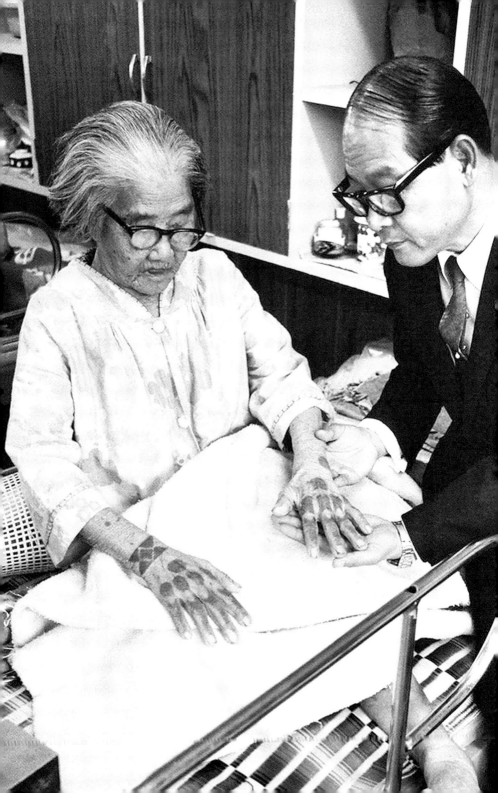

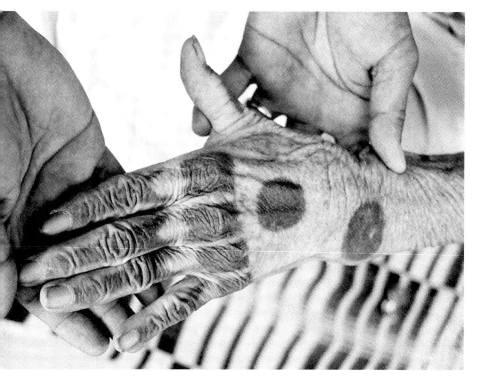

那覇 1971年撮影〈46、47頁同一人物〉

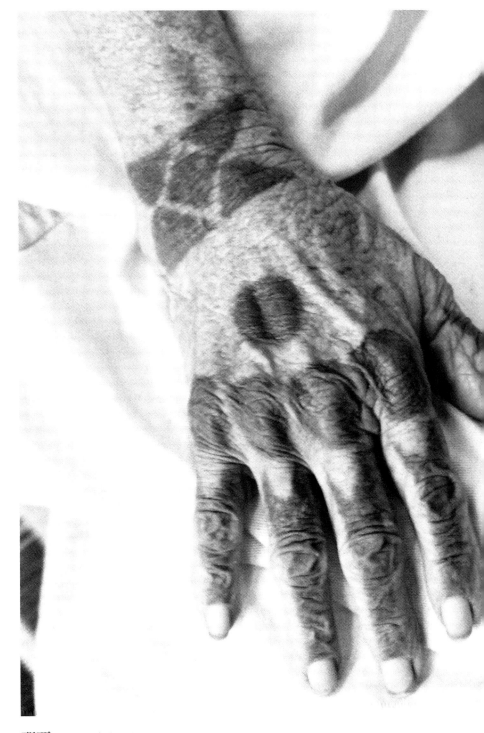

那覇 1971年撮影

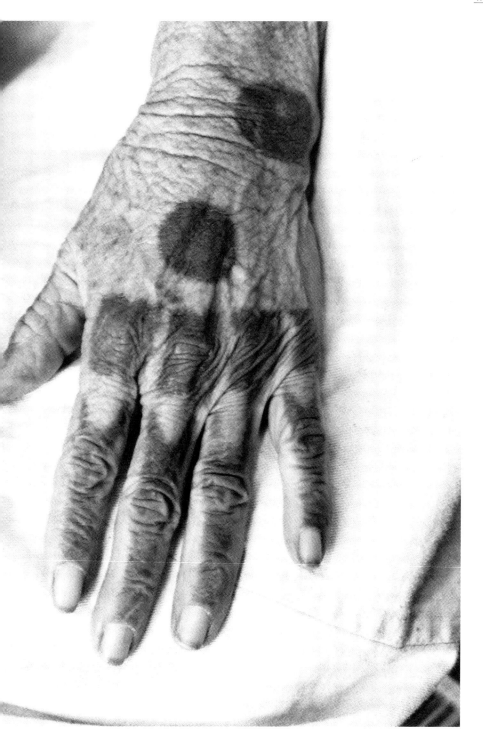

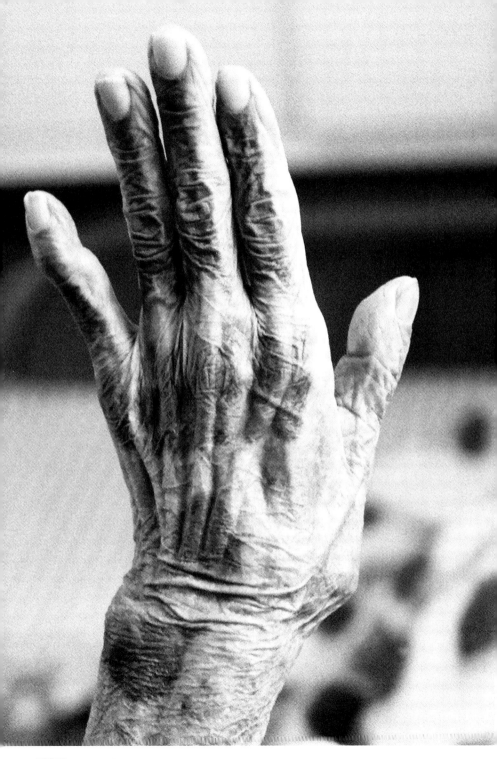

那覇 1971年撮影

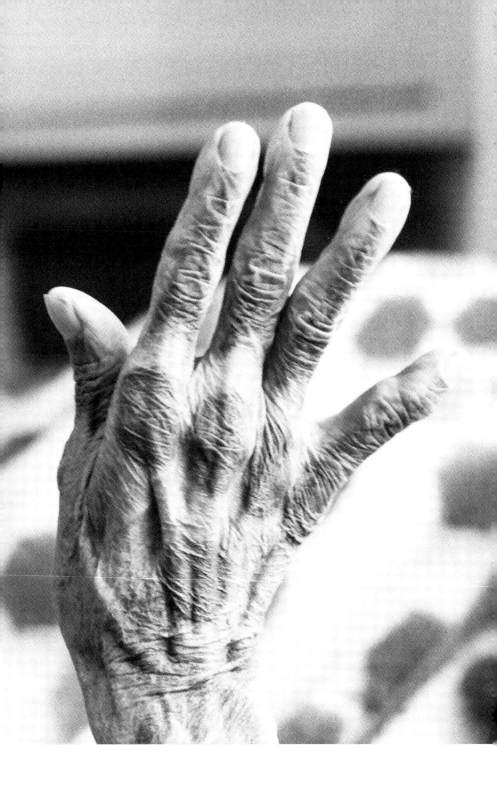

伊禮カメ　明治元年10月18日生（伊禮家アルバムから）

賀寿差仔

伊礼カマ

旧嘉手納村
集落内を練り歩く伊禮カマのカジマヤーパレード。1964年（伊禮家アルバムから）

那覇 宮城マツル 明治20年12月生 1986年撮影

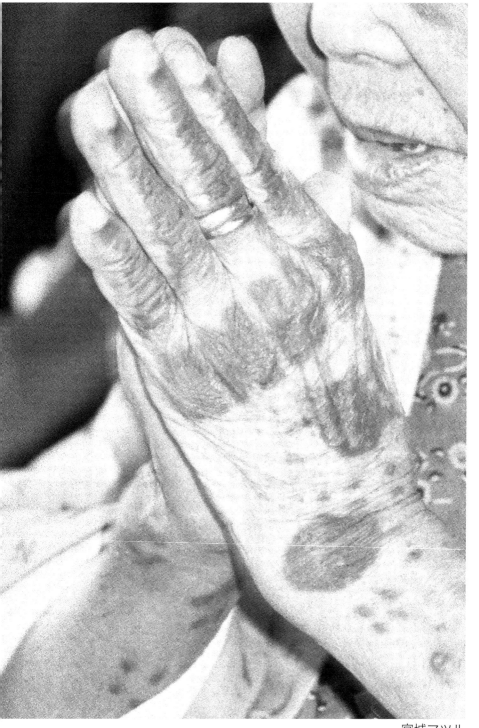

宮城マツル

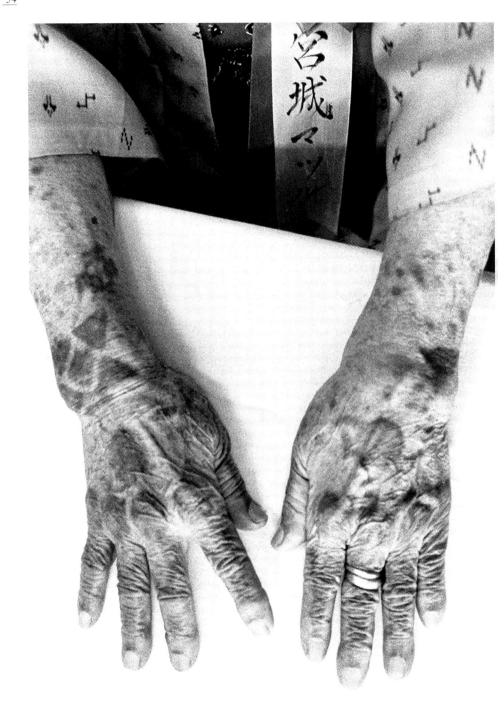

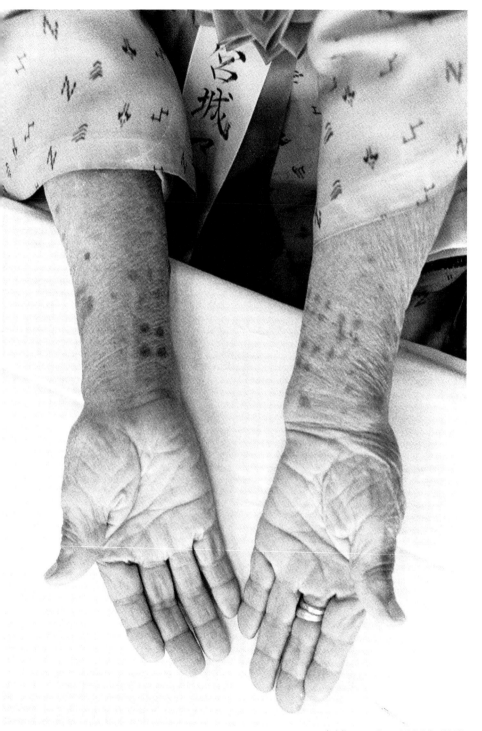

宮城マツル　1986年撮影

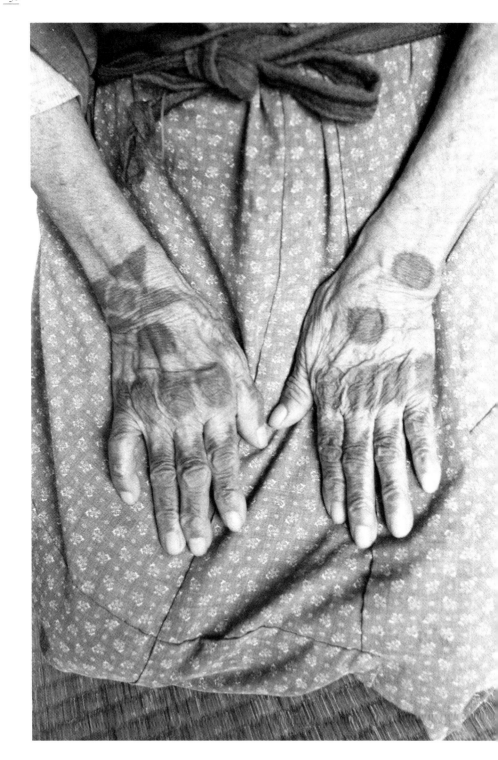

那覇

1971年撮影

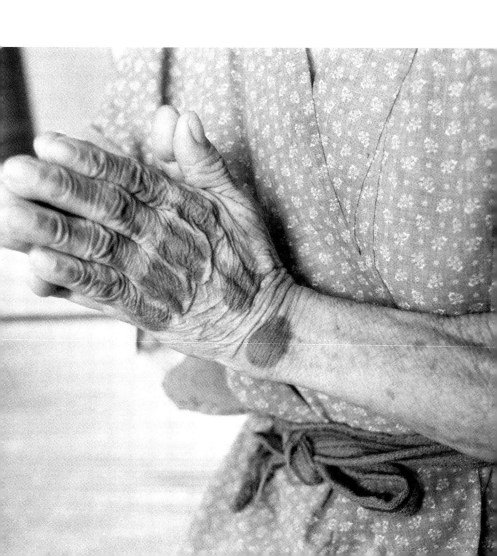

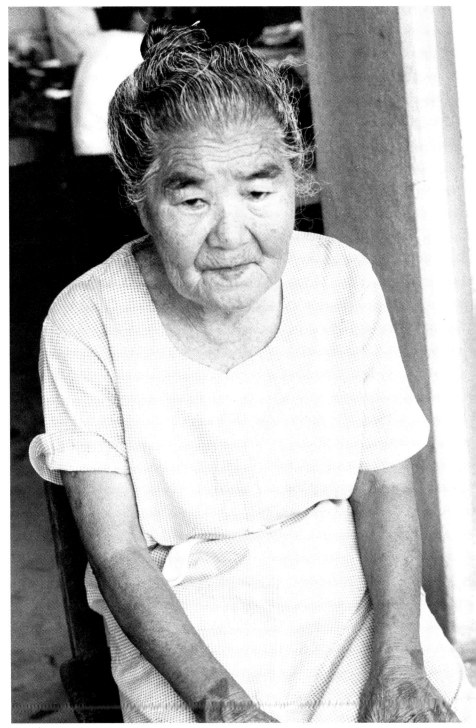

那覇 1971年撮影

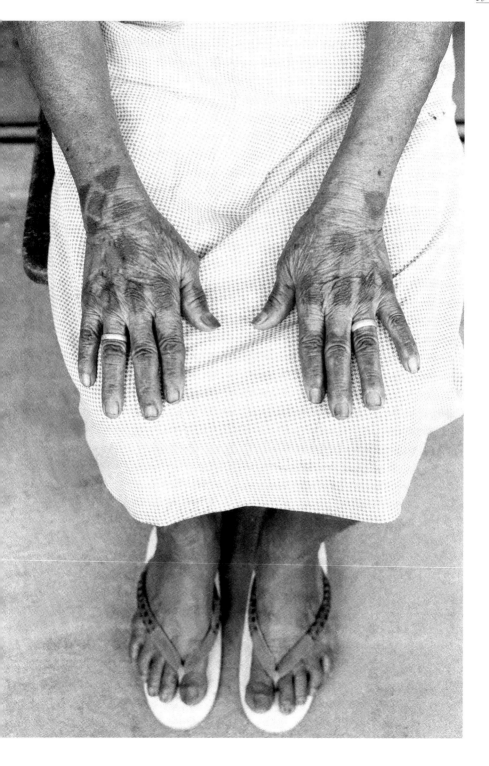

旧玉城村　1970年撮影

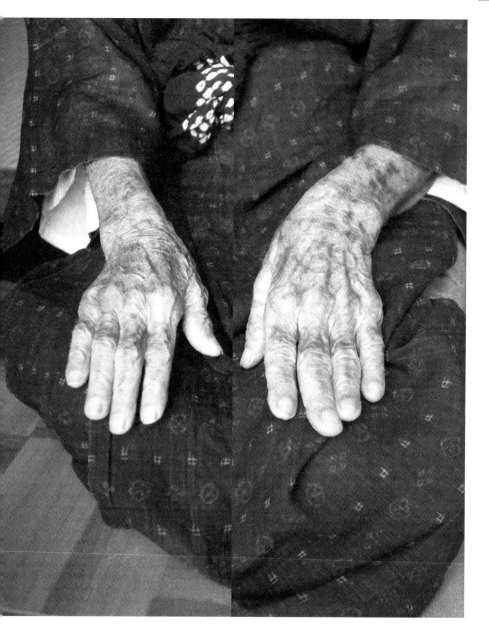

八重山　1971年撮影

64

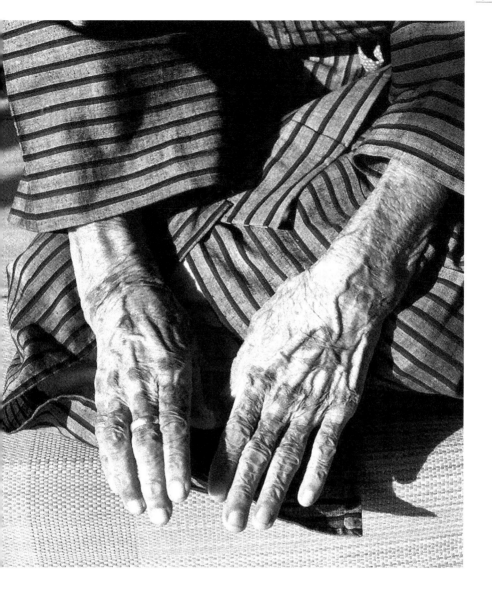

八重山　1971年撮影

八重山　1971年撮影

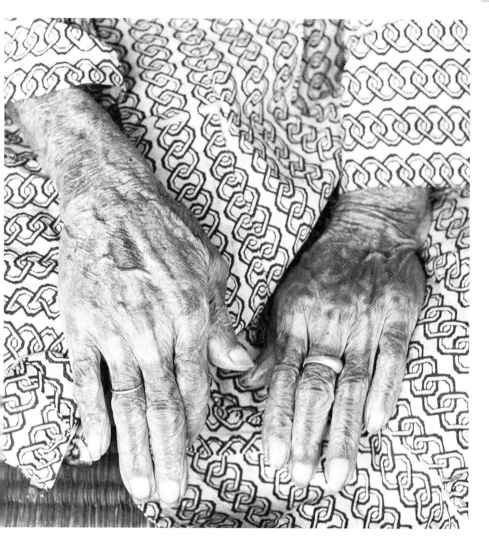

竹富島

田眞ナヘ　明治６年生（当時97歳）1970年撮影

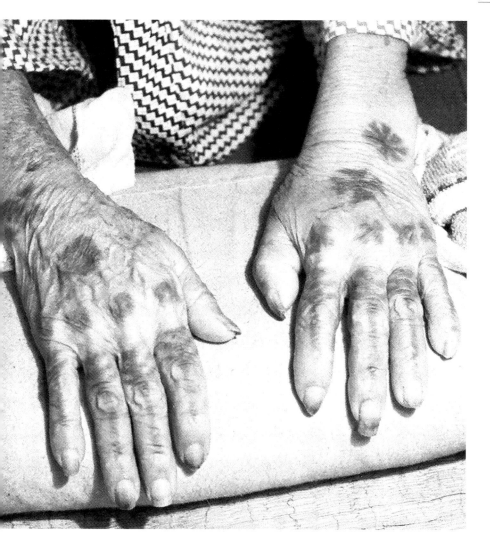

波照間島

上間マツル　明治 7 年生（当時97歳）1971年撮影

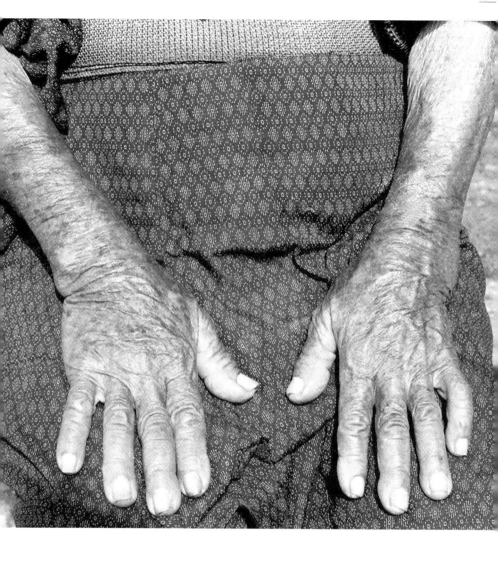

宮古島

新城メガ　明治21年1月生（当時97歳）1971年撮影

残　照

池間島の豊年祭　1973年撮影

壺屋で焼物を売る老女（通称てんぷら通り）1969年撮影

民具をつくる老女・南大東島　1973年撮影

宮古島　1973年撮影

久高島　1978年撮影

池間島祭りのひととき　1973年撮影

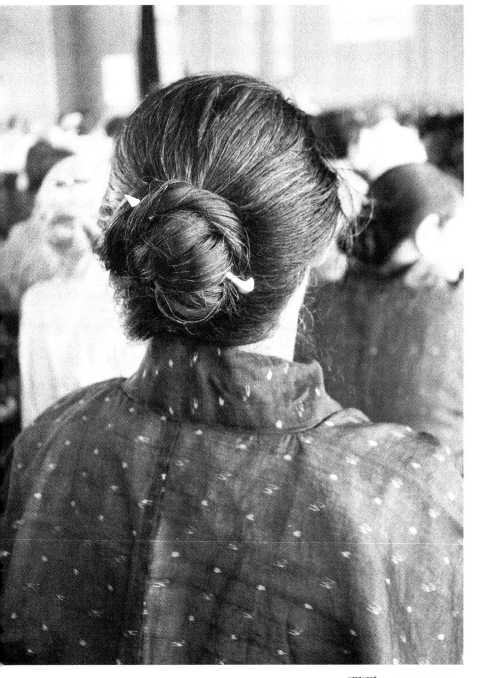

那覇 1971年撮影

旧豊見城村 老人も子供もみんな明るくカメラに向かって手を振る　1972年撮

大宜味村 1973年撮影

那覇（農連市場） 1973年撮影

久高島 1978年撮影

宮古島　1970年代の農作業風景。ヘラで畑を耕す老女　1973年撮影

宮古島 宮古上布の糸紡ぎ風景　1971年撮影

宮古島 今も残る宮古島の人頭税石。
島民は石の高さに背が伸びると過酷な税を琉球王朝に収めた 1973年撮影

池間島の祭り　1973年撮影

解説

波平　勇夫

針突習俗の終焉を見つめる

— 民俗社会学への誘い —

針突習俗の終焉を見つめる
― 民俗社会学への誘い ―

✳はじめに

　入墨という身体記号は、それを有する人びとの歴史や民族文化の産物である。それについての認識内容も認識する側の歴史的、民族文化的背景によってことなる。そこで入墨は、先ずそれが存在している地理的歴史的文脈と、他方それが機能する民族文化、集団的アイデンティティ、性役割、地位シンボル、個人的嗜好からとらえなければならない。

　民族文化としての南西諸島の入墨（以後沖縄本島の呼称ハジチに準じて針突と表記する）の起源・伝来はまだ明らかにされていない。文献上は16世紀の来訪者によって観察報告されている。だが始期と同様に終期も注目してよい。最後の入墨保持者を特定することはできないが、沖縄の日本復帰以降の1990年代初頭に至って、この習俗がこの地域から消滅したことはほぼ間違いなく、この時期の実像を確認できた歴史的意義は大きいといえる。

　筆者には明治20年代から30年代生まれの伯母が三人いて、その中の二人（一人は明治23年生、もう一人は明治24年生）は両手に針突をしていた。三人目は明治31年生れだが針突はなかった。筆者の母は明治36年生れなので針突はなく、その話を聞くことはなかった。同じ集落に住み、住居も隣り合わせで年中行事、家庭行事その他午後のひとときの茶飲みで行き来があり、接触する機会も多く、手の甲や下腕の表裏の模様を見る機会もあったが、それをめぐる特別な話題や、子ども達からの特別な好奇心もなかった（ただ年寄りのマークという認識）。こうした身近な幼児体験が、時を経てこの問題に引きずりこんだかも知れない。

1．針突についてわかっていること、わからないこと

　偶然のきっかけから、針突習俗に関する先行研究を集中的に渉猟した。全体

を網羅できるところまでは至っていないが、関連文献の大部分や古典的位置を占める高著には目を通した。習俗としての針突体現者を見つけることが困難な現在、写真集を含め、これらの文献が貴重なものになりつつある。しかし、これまで発表されたハジチの写真は、モノクロ撮影が多く鮮明ではない。山城博明氏の写真集「琉球の記憶・針突」には、消えてしまった完成型のハジチが、カラー写真で掲載されている。また、写真からみる老婦人達の顔は、気品に満ち溢れている。消えつつある習俗が貴重なものだと受け止めた沖縄県や県内各自治体は、それぞれ針突調査結果を報告している。それらを踏まえて、その概要をまとめてみたい。その前に、各自治体の取り組みを紹介しよう。

　これまで公刊された各自治体の針突調査報告書は、発行年代順に次のようになっている。

　伊江村教育委員会編『伊江島ハジチ調査報告書』(1978)

　恩納村教育委員会編『恩納村ハジチ調査報告書』(1980)

　読谷村立歴史民俗資料館編『沖縄の成女儀礼』(1982)

　那覇市教育委員会社会教育課『那覇市における針突習俗』(1983)

　名護市教育委員会『針突―名護市針突―名護市針突調査報告書―』(1983)

　沖縄県教育庁文化課『沖縄県文化財調査報告書　46集　宮古・八重山の成女儀礼―宮古・八重山諸島等針突調査報告書』(1983)

　名嘉真宜勝編『南島入墨習俗の研究―読谷村―』(1985)

　北谷町史編集室事務局編『北谷町の針突：調査報告書』(1985)

　具志川市教育委員会編『具志川市針突：調査報告書』(1987)

　沖縄市教育委員会文化課編『針突』(1987)

　宜野湾市史編集室編『ぎのわんの針突』(1995)

各市町村とも針突を重要な歴史的無形文化財と位置づけていることが読み取れる。

　針突に関してはいろいろな呼称があり、南島文化圏内（奄美・沖縄・宮古・八重山群島）でも地域差がある。これまでの調査報告書からみると、ハジチ、ハジキ、ファジチ、パジチ（奄美・沖縄諸島）、ピヅッキ、ピヅキ、パーツク、パリツク、パイツキ、ハイヅチ（宮古諸島）、ティク、ティシキ（八重山諸島）、

ハディチ（与那国）となっている（沖縄県教育庁、前掲書、122頁、読谷村立歴史民俗資料館編、前掲書、102頁）。八重山諸島も一部を除けば、この身体記号化の習俗に「針突」の漢字を当てている。それから「針突」の読み方だが、「ハジチ」で統一したい。現地方言で統一できればよいが、それがまた地域により微妙に多様化している。

　琉球文化圏からなる南西諸島（南島と互換的に使用する）の針突を入墨、文身、黥と表記することがあるが、混同は避ける必要がある。とりわけ入墨とは区別されなければならない。入墨は刑罰の表象として使用されてきたが、1870（明治３）年に墨刑が廃止されたことにより、文身と入墨との区別がなくなった（福田アジオ他編『日本民俗大辞典』上、吉川弘文館、1999、138頁）。針突と入墨は施術方法は似ていても、習俗としての機能から、あるいは歴史的観点から区別する必要がある。何よりも針突は後で見るように、若い女性に限定された、年齢階梯的な習俗であった。

　南島の針突はいつから見られるようになったか、それは土着的なものか外来的なものか、は明らかでない。歴史的視点から南島の針突習俗についての文献レビューは『那覇市における針突習俗―明治生まれの民俗調査報告書―』（前掲）を参照するとよい。

　針突の施術過程を、これまで出された報告書から見てみよう。沖縄本島を中心としたこれまでの調査報告書から見ると、針突施術年齢は、調査対象者のうち10歳以下が約31％、11から14歳までが約15.3％（両者で約46.5％）となっている。ただし不明が約18％もある（読谷村立歴史民俗資料館編、前掲書、103頁）。結婚前に必要な図柄を完成（施術完了）したのは約30.5％、結婚後まで持ち込んだのは約12.5％、不完全ながらも結婚前に施したのは約55.0％、結婚後まで引きずっても未完成のままであったのが約2.0％となっている（同書、104頁）。沖縄本島以外の離島出身を対象とした調査資料によると、18歳までに施術した事例が、全体の約70％を占めている（沖縄県教育文化庁文化課、前掲書、126頁）。

　針突の目的（理由）がまた多様化している。それを調査結果からみると、流布された噂として、（施術しなければ）生まれ故郷から離されるという「大

和に連れて行かれる」系が約47.6%と最も多く、「後生に行けない」系が約
15.2%、皆がやっているからという「習慣」系が約18.0%と上位を占めている
（読谷村立歴史民俗資料館編、前掲書、156〜157頁。目的分類も同書による）。
宮古諸島出身者を対象とした調査資料がある。それによると、死後の世界へ
のチケット（「後生」系）が最も多く約36.5%、次に装飾感覚（「装飾」系）が
約14.2%、遊び心（「いたずら」系）が約12.5%、つき合い（「習慣」系）が約
10.4%と続いている（沖縄県教育庁文化課編、前掲書、127頁）。

　次に文化型の観点から、文様（図柄）が注目される。これには小原一夫によ
るすぐれた先行研究がある（『南嶋入墨考』筑摩書房、1962）。小原は南島の入
墨模様を沖縄本島型、宮古型、池間島型、多良間島型、水納島型、八重山型、
与那国型、与論型、沖永良部型、徳之島型、大島型の八類型に分類している（同
書、33〜41頁。読谷村立歴史民俗資料館編、前掲書、3〜5、108〜109頁も参照）。
古い時代になるほど、各島嶼は比較的孤立した文化圏を構成していただろうか
ら、上記の分類もほぼ島嶼ごとの分類になっている。本書は針突習俗の映像記
録ということで、針突文様には特に注目している。このいわば島嶼ごとの差異
が何に由来するか、いつ頃から分化したのか、各地域内の変容がわかればよい
が、残念ながら今のところ明らかでない。何よりも時間の推移とともにサンプ
ルが減少していくなかで、現時点でのサンプル補充はほとんど不可能となり、
比較も困難となった。今のところ既存の映像で補完せざるをえない。

　さて小原の類型論に立てば、針突の図柄は地域（島嶼）ごとにある一定のパ
ターンがあり、多少のヴァリエーション（変差）は認められるとしても、地域
ごとに継承されてきたことがわかる。同一地域でも都市部と農村部とでは差異
が見られ、都市部を離れるにつれて基本的な部分は残しつつも、文様が粗雑に
なっているという指摘もある（市川重治『南島針突紀行―沖縄婦人の入墨を見
る―』那覇出版社、1983、141頁）。それは、後述する旧来からの身分差の反映
かも知れない。ただランダムに（思いつきで）、青黒い図形を手の甲や下腕の
外皮に彫り込めばよい、というものではなかった。すると各地域に伝承された
一定の型があり、それを彫り込む〝セミプロ〟（施術師）がいたことになる。

施術後は何らかの謝礼がなされたり、懇意の関係からそれを期待されなかった
など、いろいろなケースがあったようである（沖縄県教育庁文化課、前掲書、
138〜154頁。読谷村立歴史民俗資料館編、前掲書、3頁、147頁）。また先輩や
近親者が依頼されて、無報酬で施術することも多かったと見られる。（上記の
針突調査報告書で示された施術師への謝礼欄で「不明」「無し」はそのことを
示しているといえよう。）

　地域差に加えて、社会的身分による図柄の差異も指摘されて興味深い（小原
一夫、前掲書、42〜43頁）。前近代社会の身分制を反映して、身分の高い女性層
の模様は線が細く、模様も控えめだという。逆に身分が下るにつれて、手甲に
刻まれた模様は線が太く、図柄も大きくなる。こうして身分差はあったものの、
針突そのものは身分に関係なく全女性に及んでいたのである。

　針突する身体の場所も注目される。南島地域では手の甲、指背、下腕の表裏
が特定された。アイヌ民族の場合、6〜7歳から12〜13歳に達した女児の上唇
に少し施して、15〜16歳に達すると口の周辺と左右の手及び手首に施術した（北
海道庁『北海道舊土保護沿革歴史』第一書房、昭56年〈復刻〉、344頁）。民族によっ
ては体に彫り込む（男性）ところもある。針突を施す場所は、民族の集合表象
が含まれているため、場所の違いはそれが内包する意味の相違にもつながる。
たとえば南島地域の場合、装飾、集団的アイデンティティ、成長段階（例、年
齢・未婚・既婚など）など複合的意味が込められていたようである。

　つぎに、針突の施術過程について触れなくてはならない。針突は皮膚に色素
を注入して、文様を固着する方法であるが、当然苦痛をともなう。幼女や若い
女性たちが、好んでこの肉体的苦痛に耐えたことを考えてみる必要がある。方
法としては縫針を1本、あるいは数本束にして（ときには20本もあったといい、
また束の仕方も丸束のもの、あるいは縦列にしたものなどがあったという）、
あらかじめ手甲や下腕の表裏に（上記のように地域差はあるが）墨を酒で配合
したものを塗っておいて、準備された図柄に合わせ突いていったようである（読
谷村立歴史民俗資料館編、前掲書、2〜3頁）。依頼者は苦痛に耐えなければ
ならない。それは、これまでの調査研究成果から見ると、公認された一人前の

成女としての地位を得たいためであった。それは結婚のためのイニシエーション・セレモニーであり、自立して家族を立ち上げることで完了した（柳田国男『柳田国男全集』第13巻、筑摩書房、1998、156頁）。針突が成長段階の画期を示す制度であったことは、施術前と施術後の祝儀にも示されていよう。

　成長していく女性が、針突を待望したことは興味深い。その一端は琉歌にも表れている。小原一夫はその琉歌を収集しているが、その一部は前掲書にも見ることができる。奄美大島での事例（いずれも方言ではなく日本語訳）を紹介しよう。

　　　夫欲しさも　ひといき
　　　親欲しさも　ひといき
　　　彩入墨欲しさは
　　　命かぎり
　　　（小原一夫、前掲書、6頁）

また沖永良部島で知られている琉歌として次の例がある。

　　　母よ母よ　父よ父よ
　　　米一合下され
　　　入墨工を頼み
　　　入墨を突かせたいから

徳之島で収集された次の例は、奄美大島の事例（上記）にほぼ近い。

　　　結婚するのも一度
　　　死ぬのも一度
　　　手入墨欲しさは命かぎり
　　　（小原一夫「南島入墨を歌った歌謡について」（一）〜（三）、琉球新報、昭和

7年1月10日〜1月13日。標準語訳はいずれも小原一夫による）

　もちろん、これらの針突賛歌は乙女心からではなく、親や結婚した成人女性の伝統志向意識から出たものとも解釈できる。

　意を尽くしていないが、以上で南島地域の針突習俗の概要が示された。まとめとして小原一夫の総括を引用しておく（小原一夫、前掲書、72〜73頁）。

1．女子の妙齢に達した˙し˙る˙し˙としての一種の成人式の意義をもっていたこと。

2．沖縄本島及びその附近属島では、結婚の˙し˙る˙し˙であったこと。

3．入墨を持たない女は、あの世に行けないという永世の信仰があったこと。

4．ある方向を指し鋭敏な矢のしるしは、其の指す手指背に入墨されて、欠くべからざるものであったこと。

5．一種のトーテムに類する意義もあったこと。

6．「＋」及び「×」は無ければならなぬ魔除けの記号で、全島を通じて手指背第一関節部に入墨したこと。

7．南方より伝播してきたらしいこと。

8．後には装飾的意義を含んできたこと。

9．年齢及び階級によって、入墨文様に差異があったこと。

10．島にある文様には、それぞれの特徴があり、他島のそれと混合されていないこと。

　小原の小総括は補足すべき部分を含んでいるし、針突習俗の全容をカバーしているわけではないが、南島針突の概要を理解するための導入としてはその意義を失っていない。

２．不明なこと―針突の原郷はどこか

　少し考えただけで不思議に思われるのは、日本列島の周辺地域では近代まで入墨（ここでは検討地域が他民族地域にまで拡大するため針突と互換的）習俗

が見られたのに、本州・四国・九州の住民には大衆文化としての入墨が歴史的にあまり知られていないということである。もちろん、これまでの文献研究から『魏志倭人伝』や『三国史』の中に倭人が文身や顔面文身をしていたこと（吉岡郁夫『いれずみ（文身）の人類学』、雄山閣、1996、25〜27頁）、しかし約1000年間の中断を挟んで寛政年間に復活したこと（同書、84頁）、ただしその後、流行が激しいため享保5（1718）年と文化8（1811）年に幕府が禁止令を出したが効果はなかったことが知られている。その後天保年間（1830〜1844年）、そして明治5（1879）年の違式註違条令、明治13(1880)年の刑法428条などと取締まりが厳しくなった（同書、85〜86頁）こと、すなわち文献でみる限り、普及度はともかく近世日本にもこの習俗はあったととらえられている。

　いつ頃から南西諸島に針突が現れたかは、大きななぞの一つのようである。柳田国男によれば、この習俗はある時期まで神役を与えられた名望家の子女のみの特権が、一般の子女の憧憬の的となって広がったとみている。しかもそれは近世期の現象ではないかという。こうして気が付けば、明治の初め頃には遊女や物売り女まで、全ての女性がまねるようになったのではないかとみている。柳田はさらに、入墨について興味ある仮説を提起している。それは特定民族の集団的アイデンティティを保障する表象とも見られているが、柳田はむしろ個人を特定集団から分離する制度（例、刑事事件における指紋、目印などの効用）ではなかったかと逆のとらえ方をしている（柳田国男『柳田国男全集』第33巻、筑摩書房、2005、157〜158頁）。首里士族文化の田舎伝播の要因として、廃藩置県後、町方の施術師（入墨師）は田舎に出向いて活躍の場（職場）を広げたことが、針突習俗を広めたという指摘も興味深い（新屋敷幸繁「沖縄入墨の貴族性」、沖縄タイムス、1968年7月16日）。

　日本列島周辺に目を向けよう。入墨習俗を有する民族としてアイヌと琉球人はよく知られている。南西諸島を南下して台湾、フィリピン諸島、ミクロネシア諸島、インドネシア諸島、ニューギニア諸島、ポリネシア諸島、オーストラリア、ニュージーランドを見渡すと、入墨を習俗とする民族が多い。一般に島嶼社会に多く見られるようである（ヴォルフ・キーリッヒ著、米山俊直・野口

武徳・山下諭一訳『世界の民族と生活』全12巻、ぎょうせい、1981年。E．エバンス＝プリチャード総監修　梅棹忠夫日本語版総修『世界の民族』全19巻、平凡社、1980参照）。吉岡郁夫も日本周辺の文身（入墨）の領域として、「北はエスキモー、シベリア・アイヌ、南は琉球、台湾、呉越、雲南、古代ヴェトナムおよびラオス、ミクロネシアに至る広い地域に、かつて文身習俗があり、近年まで存続した地方も多い。」（吉岡郁夫、前掲書、44頁）と指摘している。そうすると、長い交流史を通して、針突がこれらの地域から南西諸島まで伝播した、と見るのは決して無理な推論ではない。こうして伊波普猷はポリネシアやインドネシアからの影響を想定している（伊波普猷『伊波普猷全集』第5巻、平凡社、92〜96頁）。しかし確たる論拠は示されていない。上述したごとく、小川一夫も南方伝来説に立っている。さらに興味あることは、琉球王府の針突師は久米人であったこと、漢民族には文身の習俗はなかったが、楊子江以南の中国にはこの習俗があったとの指摘（市川重治『南島針突紀行―沖縄婦人の入墨を見る―』那覇出版社、1983、55〜56頁）は、さらなる探究心をそそる。

3．針突文化はなぜ消えたか―明治政府による禁止令の追跡

　見てきたように人びと（女性）の生活に根差し、世代間に継承されてきた南島の針突習俗は、明治32（1899）年の「入墨禁止令」（旧刑法条令）で公式に禁止された。しかし、この取締まりは初めてではなく、急に伝達されたものでもない。順序を追って見ていこう。

　研究者は文献研究によって、この習俗が日本本土でも古くから実施されていたことを証明しようとしているが、時代を遡るにつれて事例が断片的とならざるをえず、確証に乏しい。他方、限られた資料ゆえに、この習俗に対する施政者や民衆の対応も不明な点が多い。それを踏まえた上で、施政者の対応策を見てみよう。

　われわれにとって比較的身近な例は、アイヌ民族に対する松前藩や明治政府の対応である。アイヌ居住地が藩域外にある時は、アイヌが和語や和風の風俗

を習得することを禁じた。この非同地政策は最初アイヌ側から歓迎されたものの、幕府の直轄地となるや、政策は全く逆転した。すなわち、対外的に外国人との誤解を避けるため、手首の黥、男女の耳輪を禁止するとともに、日本の言語風俗を奨励するようになった。同じ失敗は、寛政年間（1789〜1801）にも起きている。すなわち、幕府の同化政策に対してアイヌはこれを拒否し、松前藩に逃亡していた（北海道庁『北海道旧土人保護沿革史』、前掲書、14、53、70、74、344頁）。寛政の改革は入墨だけでなく、すべての習俗の取締まりを生みだしたようであるが、享和年間(1801〜1804)になると、再び入墨が復活するようになって、施政者とアイヌとのイタチゴッコがくり返された。その後、入墨は広く流行したため、文化８（1811）年幕府は再度禁じたが、風習の取締まりは効果がなく、天保年間(1830〜1844)の取締まりを経て明治４年の布告、同５年の新政府による取締まり（違式註違条令）となり、下って明治13（1880）年の旧刑法428条による禁止を経て、上述した明治32（1899）年の「入墨禁止令」となった。

　南島の針突の場合を見よう。針突習俗は、琉球王府によって導入されたものではないことは明らかである。理由は、王府がその取締りを画策したことが文献上見えるからである。市川重治は『中山伝信録』を引用して、さきの国王がこの習俗を廃止するよう庁内詮議にかけたが、古来続いている習俗を急に改めることには賛同が得られず、そのままになったという（市川重治『南島針突紀行―沖縄婦人の入墨を見る―』、前掲書、55、222頁）。

　明治32年の禁止令は随所で引用されているが、そのもとをなす明治13年の法令（明治13年７月６日太征官布告第36号＜刑法＞）は関連する条項（第九項）のみが引用されているため、全体像が把握できない。そこでやや長くなるが、この法令（条文）の位置づけを理解するため、また資料的価値を意識しつつ、第428条全文を掲載する。

〔明治十三年七月太政官布告第三十六＜刑法＞〕
　（註：原文の縦書きは横書きにしたことにより「左記」は「下記」に相当する。

旧漢字は新漢字に直した。）

第四百二十八条　左ノ諸犯ヲ犯シタル者ハ一日ノ拘留ニ処シ又ハ八十銭以上一円以下ノ科料ニ処スル

一　官署ヨリ価額ヲ定メタル物品ヲ価格以上ニ販売シタル者

二　渡船橋梁其他ノ場所ニ於テ定価以上ノ通行銭ヲ取リ又ハ故ナク通行ヲ妨シタル者

三　渡船橋梁其他通行銭ヲ払ウ可キ場所ニ於テ其ノ定価ヲ出サスシテ通行シタル者

四　路上ニ於テ賭博ニ類スル商業ヲ為シタル者

五　官許ヲ得スシテ劇場其他観物場ヲ開キ及ヒ其規則ニ違反シタル者

六　溝渠下水ヲ毀損シ又ハ官署、監督ヲ受ケテ溝渠下水ヲ浚ハサル者

七　制止ヲ肯セスシテ路傍ニ食物其他ノ商品ヲ羅列スル者

八　官許ヲ得スシテ獣類ヲ官有地ニ放蓄シタル者

九　身体ニ刺文ヲ為シ及ヒ之ヲ業トスル者

十　他人ノ繋キタル牛馬其他ノ獣類ヲ解放シタル者

十一　他人ノ繋キタル舟筏ヲ解放シタル者

　上記第九項が針突と関連する条項だが、この条文全体は生活風俗改良に向けられた幅広い内容をなしており、それだけにカバーしきれない残余部分を多く含み、同時に「必要に応じた付け足し」政策を可能にする内容となっている。前後関係から読み取れるように、針突は民族文化としてではなく、日本国民としての公序良俗に反する逸脱行為として位置づけられている。
　国家の基礎固めを焦眉の急ととらえた明治政府は、全体構想が固まると周辺（辺境）地域に目を向けた。国民統合の目的から、沖縄の風俗の統一化、国民化を画策したのである(明治32年)。まず最初に目を付けたのは学校教育である。明治政府は「野蛮」で「遅れた」習俗としてとくに男性の結髪と女性の入墨を廃止するよう、師範学校で強要した（小熊英二『＜日本人＞の境界―沖縄・ア

イヌ・台湾・朝鮮　植民地支配から復帰運動まで―』新曜社、1998、41頁。『琉球教育』64号（1901）、那覇市史資料編第2巻中13、101頁）。

　これに対して沖縄はどう対応したか。針突を中心に、「琉球処分」後の沖縄県の動向をみよう。利用するのは、主として明治30年代の「琉球新報」である。沖縄県に「入墨禁止令」が発令された同じ年に、国頭郡喜如嘉村では村の顔役が集まって、風俗改良策を講じている。具体的には、①村内路上での放歌、②路頭における男女の三味線弾き、③針突（刺文）の厳禁である（「琉球新報」明治31年1月19日、『沖縄県史』第19巻資料編9、1969、以下同様）。

　「琉球新報」も語気を強めて、「本県風俗改良を要すへきものは多かるか中にも野蛮な遺習たる婦人の刺文は最も改良の急を要すへき者なるか古来の習慣上容易に之を禁止し難き事情ありし為、従前は之を黙し来たりしも今や新条約既に実施せられ外人雑居を許さるゝ事となりにたれば外部の醜俗を一洗せさるべからさる必要に促されてにや其の筋に於ては愈々刺文に関する違警罪を励行する事となり……」（同紙、明治32年10月21日）と書いている。

　さらに数日置いて、違警罪の再確認を求めるとともに、「……世間には心得違ひの者もありて幼少の中に刺文を為せは処分を免かれ得べしとの考へによりてにや島尻地方に於いては本紙の記事を見て大騒きをなし愚民相争ふて口尚乳息の幼女に刺文を為さしめつゝありとの事なるか去二十日以後に於て我身体に刺文を為したる婦女は長幼の別なく相当の処分に行はれ之に刺文を為したる刺文業者も亦同しく相当の処分をせらるゝ事なれば……」（同紙、明治32年10月23日）と、施術者3人の住所氏名と実際に施術された2人を掲載している。

　もう一つは、読者からの新聞投書である。それによれば、「針突禁止令」が出されてもそれが守れないのは、施術者（刺文業者）が多くおり、それらがいろいろ虚言をいいふらして（例、針突しないと兵隊の妻にさせられ、他府県に移住させられるなど）、旧慣が続いているというものである。法律成立後は監視もゆるくなり、なかには人目を隠れて夜間行うこともあるので、もっと取締まりを強化して欲しいという声である（同紙、明治33年1月11日）。

　この運動の背景にあるのは、新国民国家の構築であり、「国民」の創出であっ

た。ここで意図する「国民」は、旧来の地方伝統文化を排除した政府認定の単一文化を共有する人びとであり、その育成が急務とされた。その具体的な動きが、国民共通文化と両立しない地方習俗の排除であり、具体的には同一身体（針突の禁止）、同一言語(標準語)の励行、髪型の統一などであった。西川長夫は「国民」の誕生と「国民化」の局面を、①空間の国民化（例、中心と周辺、国境など）、②時間の国民化（例、暦、歴史、神話など）、③習俗の国民化（例、服装、言語など）、④身体の国民化（例、五感、起居、歩行など）の４つに分けているが（西川長夫・松宮秀治編『幕末・明治期の国民国家形成と文化変容』新陽社、1995、31頁）、この枠組は琉球人の国民化でも検証できる。

　先に入墨を民族文化の一つとしているポリネシア、アメリカ（インディアン）、東アジア、南東アジア、ミクロネシアなど広い地域について紹介した。異文化の人びとは入墨の施術方法、苦痛処理、施術にともなう民族行事などを野蛮とか、非合理的などと評価する。しかし、見方を変えれば、その集合行為は各民族にとっては自己同一化の表現であり、確認であり、個人的・集団的アイデンティティの確認のための必要なメッセージである。また個人的には、自分の成長段階を、同世代とともに周囲に確認させる重要な儀式だったのである。それだからこそ、身体的苦痛にも耐えてきたのである。また個人的には、自分の成長段階を同世代とともに周囲に確認させ、一体感を宣告する営みだったのである。先に見た琉球の歌謡にも、これを垣間見ることができる。

　この民族象徴（入墨）は、明治政府が新国家樹立と新「国民」形成に向けてつくり上げた国民象徴と同価的なものであり、基本的には変わっていない。つまりこの二つは政府主導のマジョリティー文化と従属民のマイノリティー文化（琉球文化を含めた周辺文化）との衝突関係に立っており、前者による後者の排除であった。明治政府は新国民国家体制の確立と、アジアに進出している西洋先進国との競争から、強固な中央集権国家の樹立を急いだのである。その結果が徴兵制（明治31＝1898）、沖縄県間切島嶼制（明治32＝1899）、土地整理（明治32＝1899）などである（沖縄タイムス『沖縄大百科事典』上巻、1983、255~257頁、下巻、346頁）。明治政府は針突行為を不潔、野蛮と再定義し、針突習俗、地方

言語、民俗宗教を「外国人に間違われる」という理由で取締まり、代わって政府公認の「日本文化」、「国民文化」を上から押しつけていった。針突習俗はその一例だが、この両面の対立と沖縄的なものの従属化に、置県後の沖縄の苦悩があったのである（もちろん、ここでは針突を復活させよとか、美化しているわけではない。民族文化をめぐる政治的攻防の一例として、問題提起しているのである）。

4. 異文化に対する蔑視

　針突に対する政府の取締まりに加えて、一般民衆の同調行為も取り上げなければならない。明治期に入っても、日本本土では言語その他の生活習慣は、かなりの地域差が見られた。そこで政府は、新興国家の安定に向けて、標準的文化の確定とその定着化を推進した。そこから単一民族神話が形成されることになるが、一般国民はそれを知ってか知らずにか、あるいは幻想としての「中央」に対して「地方」「田舎者」と呼ばれるのを避けるためか、「相違」に対して神経質なくらい排他的意識を醸造していった。「国民」や「国民文化」は、統治上の上からの政治行為であったにも拘わらず、一般の人びとは易々とそれに引きずり込まれ、同化し、自己の正当性を宣言するためにスケープゴートをつくり上げて、差別する側にまわった（例、標準からはずれた人びとを特化させる）。これを象徴するのが「人類館事件」（明治36＝1903年）である。その犠牲者は、異文化地域の人びとで、近代以降日本の版図に政治的に組み込まれた周辺（辺境）地域の人びとであった。

　話を針突に戻そう。日本国内で針突体現者に向けられた集団的な差別事件は、まだ発覚していない。しかし、明治期の海外移住との関わりで、当時の新聞はこれと関連する異文化間衝突問題として具体的に報じている。沖縄系海外移住者が、沖縄での生活スタイルを移住先に持ち込み、日本語も通じないまま独特の「一種異様の朝鮮人然たる扮装にて平然として働き居る所」や、さらに他府県人の前で沖縄方言をしゃべり、手製の三味線を興じる姿は他府県人から嫌わ

れたようである（「琉球新報」、前掲紙、明治39年３月１日）。さらに入墨した婦人の場合、「尚近来入墨の婦人渡航して醜体を演じつゝあるには閉口の外無之候当地に三人有之候が服装等の殺風景は言語同断に御座候……裸足のまゝキャンプ中を横行致し居る様は愈々彼等か未た野蛮の域を脱せざるを説明する者に候只ださへ軽蔑せられ候沖縄県人は婦人渡航以来一層甚しくオイ琉球人琉球人琉球人と呼捨てにせらるゝを聞いては流石かに無関係の吾々まで寒心に不堪候」との投書を載せている(同紙、明治39年３月５日。なお丸印は原文のまま)。

さらに同寄稿者によれば、入墨した二人の沖縄人女性が移民船に乗船したのを目撃した。同乗者の他府県人は、この姿を外国人に見せては恥だ、と甲板にも上げないように処置して、ホノルルに着くまでの10日間、船室に軟禁したという話を紹介している（同紙、明治39年３月９日）。

時代は下って大正期になるが、フィリピンの移住地でも同様な事件が起きている。浦添村から移住した二人の主婦と豊見城村から移住した一人の主婦は、それぞれ入墨をしていた。この話が移住先の日本人の間に広まり、日本本土出身者と沖縄県出身者との間に、ある種の摩擦が起きた。そこで沖縄県人会は、衆議にかけて三人を送還させたという（同紙、大正５年７月22日）。

✳おわりに

針突習俗は沖縄から消滅した。一抹の感慨を覚えた人も少なくないだろう。他方、全く無関心層がいても不思議ではない。さらに近代への潮流のなかで、明治政府の処置を当然視する人も多かっただろう。ここでは感情移入を越えて、冷静にこの問題の背景、大きくは社会変動について考えてみたい。

針突のルーツや移動ルート、さらに時代的変容は明らかでないが、この習俗（少なくともその痕跡）が最近まで南島地域に存続したことは事実だ。そして南島地域内でのヴァリエーションがあったこともわかっている。それからさらに、近世以来この習俗をめぐって庶民と施政者との間の対立があり、しかもそれに対する両者の対応は、一様でなかったことも明らかにされている。それか

　ら特に沖縄県の場合、明治32年の「入墨禁止令」以降劇的変化を受け、つい最近（1972年の沖縄の日本復帰後）沖縄から消滅したこともわかった。庶民の文化と統治者の文化政策との攻防、マジョリティーとマイノリティーとの文化不調和をここでは文化衝突（cultural conflicts）と呼び、針突習俗の消滅の背景に展開した攻防をまとめて結びとしたい。

　琉球・沖縄における針突習俗の普及は、近代以降の調査資料に頼るしかなく、またその普及範囲は首里士族から下層農民に至るまで広がっていたことは疑いないが、その普及ルートは明らかでない。ある時期まで統治者層の特権的な地位象徴として機能していたものが、徐々に被統治者層にまで拡大したとみる柳田説は、具体的な資料はないが説得力はある。廃藩置県後、職を求めて田舎へ下った首里の入墨師が、針突を農村に広げたとみる新屋敷説も興味深い。しかし問題は、明治以降の取締まりだ。たとえ「遊び文化」として普及したとしても、それは既に民衆（女性）に定着したものであり、それを「遅れた文化」「野蛮人の文化」の名のもとに「国民文化」の枠外とし、排除するやり方は明治政府の強権的な文化政策であり、異文化を有する少数民族（マイノリティー）排除の政治的な政策であった。

　他方時代が過ぎ、針突を女性だけの装飾文化と決めつけ、時代要請に対応しない「遅れた文化」とか、それを特殊文化の遺制に過ぎないなど、同文化圏内の人びとさえ他人事のようにみる「高みの見物」態度は、冷静な立場からすると割り切れない。社会ダーウィニズムを持ち出して、「役に立たないものは退化し消滅するのが人間社会の原理」と説明することも一つの方法だろうが、文化変容の背景にある政治的な攻防を見逃してはなるまい。それは、文化の興亡史に見られる普遍的な現象でもあるからである。

山城博明（やましろ・ひろあき）
1949年宮古島市城辺新城生まれ。沖縄大学卒業後、読売新聞西部本社を経て、1985年琉球新報社入社。91、92年度2年連続九州写真記者協会賞受賞。平成10(1998)年度「おきぎんふるさと振興基金」受賞。2013年日本新聞博物館で写真展開催。2016年沖縄タイムス芸術選奨写真部門大賞受賞。著書『野生の鼓動を聴く』、『抗う島のシュプレヒコール』など。

波平勇夫（なみひら・いさお）
1938年宮古島市城辺新城生まれ。ニューヨーク大学大学院博士課程修了、Ph.D。沖縄国際大学教授、同大学南島文化研究所長、同大学学長を歴任、現在名誉教授。専門は社会階層論、高等教育論、南島社会論。著書に『近代初期南島の地主層』、『地方私立大学と大学改革』、『韓国と沖縄の社会と文化』（共著）、『資格社会—教育と階層の歴史社会学—』（共訳）など。

【新版】琉球の記憶——針突（ハジチ）

● 2020 年 9 月 15 日 ———— 第 1 刷発行
● 2020 年 11 月 1 日 ———— 第 2 刷発行

写真／山城　博明

解説／波平　勇夫

発行所／株式会社 高文研

東京都千代田区神田猿楽町 2-1-8　〒 101-0064
TEL 03-3295-3415　振替 00160-6-18956
http://www.koubunken.co.jp

印刷・製本／中央精版印刷株式会社

ISBN978-4-87498-734-6　C0039